FABIAN CORTES

Adentro
Tríptico de Miradas

letramía

Editorial

Copyright © 2012 Adentro

Fabián Cortés

2ª. Edición, 2019.

Derechos de Autor 03-2007-111415464100-14

ISBN-10: 1481012428
ISBN-13: 978-1481012423

Colección Náufragos

1
EL PROVOCADOR DE TORMENTAS

"Bajo la áspera noche, tú que me has confortado
devuélveme el oleaje y el mar al que cubría"
NERVAL

FABIÁN CORTÉS

ADENTRO

I. EL PROVOCADOR DE TORMENTAS

Mi nombre
es más largo que las calles que he andado...

Mi nombre tiene sueños,
mi nombre tiene pasos...

Por calles largas y por callejones estrechos
he tratado de hallar mi nombre,
paso a paso he tratado de pronunciarlo,
paso a paso he tratado de intuirlo...

Pero aún no sé cuál es mi nombre...

Mi nombre tiene vientos,
mi nombre tiene besos...

Por avenidas confusas
he gritado
los sonidos que intuyo de mi nombre,
pero los mismas avenidas confusas
me han devuelto áridos ecos
que no me entienden,
oscuros silencios que no me reconocen...

Mi nombre tiene desdichas,
mi nombre tiene rostros muertos...

He recitado
como un salmo interminable
el nombre de cada una
de las calles que he andado,
el nombre de cada uno
de los rostros que he encontrado,

tengo plegarias repletas
de avenidas y bulevares,
tengo rosarios llenos
de callejones y pasajes,
pero pese a todo ello,
ninguna plegaria me alivia
ninguna oración me consuela...

Y es que mi nombre tiene lunas tristes,
mi nombre tiene lluvias incesantes...

Porque
mi nombre es más largo que las calles que he andado
y mi corazón tiene un llanto eterno por ello...

Porque soy el que a su paso
lee todos los muros y sus grafittis de dolor,
soy el que mira
las lágrimas detenidas de los que cruzan ante mí,
soy el que cuenta las almas
de los que nunca llegaron a casa,
el que sigue la huella de caminos desolados
y su sangre derramada,
el que nunca mira atrás,
soy el oscuro,
el errante, el visionario,
soy el provocador de tormentas...

Porque
mi nombre es más largo que las calles que he andado
y mis áridos labios tienen un temblor eterno…

Porque mi nombre tiene sueños,
mi nombre tiene llantos...

Aparta,
deja que siga mi camino...

II. VISIONES DE FIN DE SIGLO

i. Redención

Cuando el asesino despertó
aún tenía las manos manchadas...

Con adormecidos dedos se palpo los ojos,
y fue entonces que supo que existía Dios...

Pero también supo que habría clemencia:

Lo que hizo,
lo había hecho
en su Santo nombre...

ii. Icarus moderno

Solo necesito dos gotas de cera
y la libertad de delineadas alas,

solo el rojo incandescente de una ardiente ave,
solo eso necesito,

y te podré demostrar que el sol
es solo una brillante moneda de oro
en el aire...

iii. Guerra civil

En los yertos brazos de mi hermano muerto
yacía una flor sangrienta:

Era el cálido clavel
que él habría colocado en mi pecho amorosamente,

A no ser
por la limpia amapola

Que prendió primero en su sien
mi claro amor
de hermano desolado...

III. MAR

En la agonía breve de mi rostro,
en su naufragio,
en el torpe desconsuelo de mis facciones,
se ha sitiado
hoy el mar.

Vino con su claridad amarga,
vino con su canción de amor ahogado,
con sus barcas llenas de peces leves
y desesperados pescadores
que desagarran a la luna,

Vino con algas profundas
y animales heridos,
vino con la flor derramada del azul,
con tormentas que me acarician los labios
y me destiñen las pupilas,
vino cubriéndolo todo...

Porque este mar
se ha sitiado
entre las islas más amargas de mis mejillas,
se ha recostado intenso en mis párpados,
en mi nariz,
en mi boca...

Se ha descubierto
describiéndome más extraño,
más perdido,
se ha extendido
en todos mis límites más dolorosos,
en todo mi amor más blanco...

Porque este mar
asfixia todo lo que envuelve
y hoy me ha envuelto a mí,

Hoy ha sitiado a mi pecho
convirtiendo mi corazón
en una desolada caracola varada,
una absorta caracola
que observa triste
el vuelo libre
de las aves
desplazándose
hacia el sur...

ADENTRO

IV. NATURALEZA MUERTA

Si tocas a mi puerta
y solo descubres ruinosos rostros,

Si palpas mis ojos
y solo hallas lagos dormidos,

Si hieres mis labios
y solo encuentras asesinadas estatuas,

Si manoteas en el aire
y no me hallas,
no llores,

Que solo soy un caracol agónico
palpando su húmedo cieno,

Solo soy un ave extraviada
dando culto
a su plumaje desolado,

Solo soy el aliento asfixiado
de un tiempo helado,

Tan solo la leve silueta
que se reconoce
en su penumbra
y se desmenuza
en las frías líneas
de este
invierno oscuro...

No llores
por esta naturaleza muerta...

FABIÁN CORTÉS

Porque si tocas a mi puerta
y solo descubres ruinosos rostros,

Si palpas mis ojos
y solo hallas lagos dormidos,

Si hieres mis labios
y solo encuentras asesinadas estatuas

Si manoteas en el aire,
y estás llorando,

No podré reconstruir mis rostros,
despertar mis lagos
o amortajar mis estatuas,

Ni podré reconocer,
en mi alba destrozada y tan muerta,
el tibio rocío que me humedece el rostro,

ese claro rocío
que veo nacer y correr inevitable
por tus limpias mejillas...

ADENTRO

V. GUERRERO

Parece que al final del camino
la derrota se empieza a vislumbrar...

Las banderas
y las consignas empiezan a ceder...

Iniciamos como guerreros,
y siendo pocos,
nos desdoblamos como mil hombres y resistimos...

Pero iniciamos solos
y apostamos por seguir la batalla solos
apartándonos de los nuestros...

Es a la luz del cansancio
que descubrimos
el sin sentido
de nuestras batallas,

cuando entendemos
la aridez de nuestras guerras...

Al final,
vencedores o vencidos,
héroes o traidores,

siempre quedamos
desangrados, desahuciados
y sin esperanza alguna...

Dónde quedaron
los que quisimos amar...?

Porqué se apartaron de nosotros...?

Dónde quedaron
los que nos aman...?

Porqué nos apartamos de ellos...?

Porqué me aparte de los míos?

Dios,
al final de esta batalla,
solo quiero regresar con los míos...

ADENTRO

VI. EPITAFIO

Hemos devorado kilómetros de palabras
intentando redactar nuestro epitafio...

Las hemos leído
con el necio afán de identificarnos
en algún juego de palabras que nos justifique plenamente,
en algún juego de palabras que podamos palpar satisfechos
y que finalmente
podamos enmarcar en nuestra calavera
que se aburre y despereza
en la más tormentosa fosa...

Los hemos devorado
con la necesidad de eliminar ese sopor húmedo
que tanto nos ahoga los huesos,

Con la necesidad de buscar en las raíces
- aquí abajo –
algún rastro de memoria fugitiva,
algún polvo de pensamiento ausente,
algún algo de forma viva...

Hemos levantado nuestro lecho sonámbulo
sobre escombros de epidermis diáfana,

Formamos nuestro gozo
con piezas de ajedrez
- nuestros huesos -
pulidos y definidos con barro,

inventamos nuestro asombro
recitando frases
que nunca acabaremos de entender...

Porque después de tantos kilómetros leídos,
y después de tanto dedicado afán,

Con amargura descubriremos
lo que inevitablemente
temíamos encontrar
al final de nuestra búsqueda:

En lo profundo
de la fosa,
entre soledades y juegos necios,
nuestra calavera
melancólica
se aburre
y
despereza
redactando
un
epitafio...

VII. LLANTO DE LA INCREDULIDAD

Que mi niño está muerto...

Entre naranjas destrozadas,
tan muerto,

Entre catedrales de agua mortecinas,
tan cadavérico,

¡Ay de mi niño!!

Porque lo hallé
ahogado entre pupilas de humo,

tan quieto,

frotando su cubito desesperanzado,

tan detenido,

amortajado por lunas enamoradas
y bebiéndose su ultimo sorbito de inocencia,

tan inmóvil...

Mi niño,
¡tan muerto!

Cabalgando soles marchitos por su frente,
¡Dios, tan muerto!

Y sin manantiales
que ofrecerle para su sed,
¡Dios, Dios, Dios!

¡Que difunto esta mi niño
y que difunta esta la claridad amorosa que lo envuelve!

Porque mi casa oscura
no es suficiente
y mi niño esta tan muerto,

Somnolientamente quieto,
tan inmóvil
en su esqueleto luminoso,

Tan solo reposando
en el deshecho atardecer
que habita mi casa,

tan solo descubriéndose
entre paredes que no soportan
el hollín de demacradas veladoras
ni soportan
el susurro de místicas oraciones funerales
recitadas para un muerto...

¡Porque ya han edificado torpes iglesias
para velar a mi niño,
y yo no tengo plegarias
que ofrecer para su reposo!

Porque cuando quise palpar su silencio,

Solo hallé su rostro circundado
por cirios ciegos,
solo su rostro lapidado
entre plegarias blancas y figuras distantes,

Tan solo su rostro
extraviado entre limoneros amargos...

ADENTRO

El rostro del niño mío,
¡tan pálido!

¡Oh, Dios, Oh, Dios!!

¡Que iglesias han levantado
para velar a mi niño
y yo no tengo manantiales
para su muerte!!

¡Que mi casa oscura
no es suficiente
y mi niño esta tan muerto!

¡Tan Muerto, Dios!

¡Tan Muerto!!

VIII. NUESTROS MUERTOS

I

Hoy toqué en la puerta de mi casa,
y nadie contestó...

No lo hizo mi pasado
ahogado en cenizas,
ni lo hizo mi fe
devorada por el alba,

No lo hizo mi llanto claro,
ni mi sueño desgarrado...

Ni lo hicieron mis muertos,
Dios, ni mis muertos...

Fue entonces que,
envuelto en confusión,
recorrí los torpes pasillos
que hallé a mi paso,

Frotándolos con desolada voz
y desconcierto de mil años,
acaricié su abandono
mientras hurtaba
desesperadas palabras
a la madrugada,

cerrando los ojos
he recitado la oración
que he escuchado incesantemente
en mis oídos
desde que he pisado esta casa,

ADENTRO

he susurrado su plegaria,
he llorado su llanto
en los rincones de esta casa
que no soporta
el dolor y su humedad...

Envuelto en polvo
grité mi nombre y el de mis muertos,

Pero nadie respondió,

Nadie...

Ni siquiera mis muertos...

¿Dios, dónde están mis muertos...?

Recorrí las cortinas breves
intentando hallar
alguna sombra hambrienta,
alguna figura larga,
algún rostro oscuro,

Pero no hallé nada...

Palpé las paredes sólidas,
las besé,
las acaricié a golpes
hasta dejar mi nombre escrito en ellas
con la esperanza de que la leyeran mis muertos
y supieran que estoy aquí,

Las desgarré
con la necesidad de hallar su rostro
tras las costras desgajadas del desconsuelo,

Pero solo hallé sus nombres
escritos bajo el mío,

Solo una caligrafía
que me hirió los labios
y me agitó
los chopos inquietos de las manos y los pies
y que hicieron derrumbarme
hasta descubrirme en un ovillo fetal
que agitó todas las aguas de esta casa,
todos sus jardines,
todos sus árboles,
todas sus hojas,
todos sus vientos...

Porque Dios, no encuentro a mis muertos...

Apesumbrado,
abrí las ventanas
intentando escuchar su voz,

Pero solo hallé
la luz difusa de la mañana desvaneciendo mis pies
enmedio de un silencio urgente de quebrarse,

Solo hallé una nada de tristezas oxidadas,
solo mi rostro pálido en el umbral,

Tan solo mi figura en espera
presintiendo la ansiedad de los míos
que tocan a mi puerta urgentemente
mientras exclaman con amargura:

"¿Dónde están mis muertos,
Dios, dónde...?"

ADENTRO

II

¿Has cuidado a tus muertos...?

¿Los has abrigado del viento desolado del sueño...?

Y de la hoguera de la memoria,
y de la humedad sombría,
y del polvo de la angustia,
¿los has abrigado...?

Para descubrirlos aun tuyos,
has gritado sus nombres breves,
has escrito sus historias en tus libros,
¿los has amado...?

¿Has palpado su presencia de asfixiado aire
para saber si están junto a ti...?

¿Y en verdad lo están...?

IX. CANTO TRISTE

Iremos a la Casa del Sol
con nuestro breve llanto a cuestas,

Con nuestro amor de colibrí deshojado
caminaremos hacia su rumbo,

Avanzaremos hacia su morada
tallándonos los ojos llenos de lágrimas
mientras entonamos el canto ancestral
de dulces guerras floridas...

Iremos hacia allá,
donde la distancia comienza a desvanecerse
junto a un sol que se desgrana
como el maíz que se me escapa de los dedos...

Iremos hacia allá,
junto a un sol que se apaga
como la última llamita de ocote
que nos entibia el corazón,
junto a un sol que languidece
como lo hace tu mirada triste
mientras acaricias mi mejilla,
tu dulce mirada que se desvanece
como la agonía
de rosas heridas en su desamor,
cementerio de cenzontles
ahogados en su clara armonía,
canto ofrendado
como el que hoy te ofrezco,
amoroso, breve,

ADENTRO

tan amargo ante lo inevitable,
de que caminaremos sin remedio
hacia la Casa del Sol,
- Oh, amigo mío! -
hacia su cristalina morada...

Porque es verdad
que somos tan efímeros
y que en realidad solo estamos de paso...

Porque a aquella su residencia
llegaremos saludando con las manos abiertas,
con las manos tan limpias de un alba
que nos roza el corazón

como vuelo de aves detenidas,
tan extensas
como el abrazo de hermanos últimos,
como alunadas obsidianas
descubriendo mártires entregados a su herida...

Porque llegaremos desnudos, tan vulnerables,
y prendidos a la verdad de que,
mañana,
nos habremos de reencontrar,
tu y yo,
en la Casa del Sol,
- Oh, hermano mío! -
en su amorosa morada,

Porque es verdad
que tan solo estamos prestados los unos a otros
y que en realidad somos tan efímeros...

No llores por mí,
Es solo que somos tan frágiles...

X. LO MISMO

Las palomas han levantado el vuelo,
y en su agitar han deshojado un día más:

Una nueva edad,

un tiempo nuevo
en que me descubro
con el mismo pantalón,
con el mismo cinturón,
con la misma camisa,
con los mismos zapatos,
con la misma tristeza,
y con el mismo,
el mismo hombre de siempre...

El acto de descubrir lo mismo
una y otra vez.

Hallar los mismos labios heridos
por los alfileres del desconsuelo,

los mismos párpados
impregnados de madrugada,

la misma piel ceniza
- su atmósfera vahosa de siempre -,

el mismo dolor
con su hilillo tinta china sabor a abandono,

los mismos dedos,
- alambres que desbaratan mi paciencia -,

ADENTRO

los mismos escritos
- serpientes mentales que se muerden la cola -,

los mismos poemas,
los mismos versos,

las mismas frases disfrazadas
en un collage de paludismo enamorado,

los mismos anacronismos
- animales dimensionados con carbono-14 -,

y el mismo amor,
el idéntico amor,
la única virtud
- luz clara que envuelve soles agónicos -,
y que hace soportable
al mismo hombre de siempre,

al menos
por el día de hoy...

XI. LA FLOR

El claro niño de mis sueños
ha despertado extraviado en su llanto.

Ha despertado
porque su sueño amorosamente lo ahogaba,

Le oprimía las pupilas suavemente
hasta botarle
las dos canicas de su amor,

Le frotaba las mejillas
hasta descubrir su esqueleto ingenuo
tras la piel de luminosa ternura,

Le ataba los peces breves de sus manos
con juegos secuestrados
a un día que se devoraba a sí solo,

Y le amaba,
incesantemente le amaba
como se ama
a la hermana amarga de la primavera,

Princesa enamorada
en la torre más alta de mi día más claro,
edad cautiva en los muros de mi amor,
frágil visión prendida
a una imagen breve:

En su mano yace,
imperturbable,
una flor abierta,
tan llena de luz...

ADENTRO

XII. PLEGARIA

No podrán,

Tocar mis dedos,
no podrán

Abalanzarse sobre mis ojos
y besar mi frente,
no podrán

No me frotarán naranjas amargas
ni limoneros extraviados en los labios

Ni podrán delinear
el perfil amoroso de mi muerte

No podrán amarme
sacrificando gaviotas breves
ni destiñendo soles torpes

No podrán descubrirme desnudo
en los umbrales del desconsuelo,
ni podrán extender sus manos
en mi árida piel

Porque, Dios,

No podrán presentir
la verdad de mi desnudez
ni podrán entender la luz
de la rebeldía
de mi edad

ADENTRO

2
TE AMÉ, PERO TE AMO MÁS

"Porque el amor cuando no muere, mata,
Porque amores que matan, nunca mueren"
J. SABINA

Para Mayi…

ADENTRO

I. CONTRA VOLUNTAD

Amor,
hoy no tengo muchas maravillas por ofrecerte.

Contra mi voluntad,
el mundo me ha mantenido bastante ocupado
como para permitirme vagabundear
y buscarte algún tesoro que maraville
tus ojos de princesa-niña.

Hoy lo único que tengo y que puedo ofrecerte,
es este terroncito de azúcar
que siempre tengo en mi mano izquierda,
la llavecita dorada
que siempre cargo en mi bolsillo derecho,
y tímido,
este corazón
que siempre se me deshila incesantemente,
como una bola de estambre,
cada vez que pienso en ti...

Como ves, no es mucha maravilla.

Pero eso es lo único que tengo hoy por ofrecerte.
y te lo ofrezco así,
tan libre, tan abierto.

Amor,
tal vez mañana te encuentre algo mejor.
Te lo prometo.

II. CREPÚSCULO DESHECHO

La tarde
se descubre como un sueño breve.

Podría mirarte
y sentir extraño el aire,
podría palparte el rostro
y descubrirte lejos,

Tan lejos
como la luz que se destroza
en la caída de ese sol que lleva a cuestas:
un sol sin sangre,
un sol sin vida,
un sol agónico...

Y es que esta incesante hora
lleva consigo un asesinato perpetuo,
lo lleva con la esperanza
de que algún día,
- o alguna noche -,
se consume la destrucción de esa voz,
de ese sonido que desbarata
tu contemplación somnolienta
por ese moribundo sol,

esperando,
aguardando que a su celebración
concurran
cisnes y angustias suaves,
niños y desamores limpios,
lirios y frescas desilusiones,
sueños y odios latentes...

ADENTRO

Pero la tarde ha concluido,
me has palpado el rostro
y me has descubierto en tus labios,

Te he mirado a los ojos
y te he descubierto cerca de mí,

Como ahora descubro,
entre la penumbra,
un sol intenso,
como sé que la tarde
fue algo más que un breve sueño:
un esperanzador
preludio de la vida....

III. TENGO

Tengo mi cabeza vacía
y también tengo un par de manos desoladas,
tengo ansias de amar a este corazón
y destrozarlo a puñaladas,
así como también tengo la necesidad
de ser infinitamente nada...

Tengo ganas de beber del dolor de mi dios
que se ha ahogado en un vaso de agua,

Y también tengo la creciente certeza
de que se me hará larga esta madrugada...

Tengo áridos paisajes en mis labios,
tengo claros manantiales en mis dedos,

Tengo la torpeza del rubor
al descubrirme amarte tanto...

Tengo rostros secos,
tengo lunas, tengo juegos,
tengo la sed de abandonarme a tu olvido...

Así como también tengo
la maldita vocación
de escribirte algo para la próxima cita
y no volverte nunca a encontrar,
ni a ti ni a mis sueños...

Tengo poemas que no me entienden,
tengo palabras que a nada huelen,

ADENTRO

Tengo la herida mortal
de saberme vacío
cada vez que me miro en el espejo...

Tengo tu sonrisa cautiva
en los pliegues de mi egoísmo innato
siempre acariciada con plumitas de aves destrozadas...

Tengo tus ojos fijos y ampliados
siempre tapizando mi recámara mental,
ese lugar donde más de una vez han de recluir
a este loco que de vez en cuando recobra la razón...

Tengo tus pasos libres extraviados en mi cuarto,
tengo tu silueta amorosa prendida en mi camisa,

Así como también tengo,
una cadena de margaritas
que me enamora inevitablemente
con todos tus detalles...

Pero lo que no tengo,
de todo lo que tengo de ti,

Es tu breve presencia suavizando
las demacradas líneas de mi alba...

IV. OIRTE

Si yo pudiera,
tener un cubito lleno
de sonidos tuyos en cada mano,

Acercarlos a mi oído
y agitarlos suavemente,

agitarlos y en cada movimiento
oír una palabra tuya,
un rostro tuyo,

oír tus labios
como se oyen las caracolas de mar,

oír tus manos
como el incesante vuelo de palomas blancas,

oír tus ojos, oír tus mejillas,
oír todo lo que se puede oír de ti,

oír como quien nunca se cansa de oír,

oír cada sueño tuyo,
cada arcoíris tuyo,
cada primavera tuya,

oírte incesantemente,

oírte con el silencio
y ensimismamiento de los locos,

oírte con la alegría y la claridad del sol,

ADENTRO

oírte día y noche,
oírte amor-día,
oírte amor-noche,
oírte amor, oírte…

Y es esta multitud de sonidos tuyos
lo que me llena de una amorosa claridad,

es esta multitud
la que invariablemente hace que,
en mi espera urgente por ti,
esta madrugada
se me deshile
infinitamente
oyéndote
amor…

V. LUZ

Me darás un traguito de ron
y me entibiarás el alma...?

Me dejarás regalarte ese atardecer
que se me enredo distraído entre los dedos
y que inevitable se me ha anidado en el corazón
como un listón rojo y enamorado...?

Me dejarás leerte ese poema que escribí
esperando sitiar tu corazón
y que tiene prendida entre líneas,
la imagen de tus lindos ojos...?

Me dejarás prenderte en el oído
la flor blanca que cada día amanece junto mi
y que espera a que te la regale dedicado y amoroso?

Me dejarás acercarme a ti
y refugiarme como lo hace un ave extraviada
que busca reposo?

Me dejarás acercarme a ti un poquito más
y presentir tu luz...?

O simplemente me dejarás pasar,
dejando mi corazón apagarse
como la última luz de un día triste...?

Amor,
me darás un traguito de ron
y me entibiarás el alma...?

VI. TAN FÁCIL

Fue tan fácil…
Me ataste un beso en cada labio,
un amanecer entre los dientes,
un juego de luces en cada pupila
y fue tan fácil para ti…

Porque me ataste
una palabrita tierna al corazón
con la certeza de quien ata la luna al sol,

me ataste
una oración luminosa y enamorada en la frente
como si fueses un viento que lo acaricia todo,

me ataste un cometa eterno en cada dedo,
un amanecer en cada labio,

me ataste el irremediable amor en cada mejilla
mientras suspiraba amoroso
esas canciones de luz…

Porque fue tan fácil…

Porque me ataste todo
cuanto pudo ser atado
y fue tan fácil para ti…

Amor,
o será acaso
que esperaba que me enamoraras así,
de esa manera,
tan fácil…?

VII. ARTESANO

Sentarse en el balcón
todos los días
y esperar pacientemente el alba...

Esperar siempre el amanecer más claro,
siempre el sol más lleno de luz...

Cuidadosamente tomar cada amanecer,
cada arcoíris,
y uno a uno fijarlo amorosamente,
uno a uno engarzarlo suavemente
en el anillo
con que habré de vestir
la frágil mano de mi linda novia...

Amor,
no importa cuántos días
habré de ser este insomne artesano
atrapando maravillas para ti,

No sé si habrás de vestir este anillo
tan solo un minuto o si será toda una vida,

Si al final estaremos jóvenes o estaremos viejos,

Pero cuando lo hagas, amor,
cada amanecer y cada arcoíris
que tengas prendido en tu linda mano
te dirá con felicidad cuanto te sigo amando...

VIII. PALABRITA

Palabrita que hurto de tus ojos,
palabrita que hueles,
que sabes a primaveras,

palabrita que tiene acertijos,
que tiene amores,
que tiene juegos,

palabrita que vuelas
y te me enredas en la garganta,

palabrita de luz,
palabrita que descubres juegos enamorados
mientras el amor se me escapa por la mejillas,

palabrita que me extrañas
y te extraño,

palabrita que me sueñas
y te sueño,
palabrita luna,
palabrita sol,
palabrita pájaro,

palabrita que te tengo en un puño
y te me escapas cuando lo abro,

palabrita que te tengo,
palabrita que no te tengo,

palabrita que te susurro suavemente
y te me conviertes en arcoíris,

palabrita que me enamoras
mientras te extraño cantidad,

palabrita unicornio,
palabrita nube,
palabrita amor

palabrita que interminablemente recito
mientras te miro a los ojos,

palabrita
que siempre amaré:
tu nombre,
amor,
tu nombre...

ADENTRO

IX. LEYENDA

En lo más alto de su torre,
atrapada inevitablemente en su encantamiento,
la princesa duerme su sueño de mil años...

A su lado,
caballero, poeta o bufón,
yo le prendo todos los días una flor en los dedos
con el fin de verla siempre linda...

A su lado,
ermitaño, ogro o trovador,
yo colecciono maravillas en una cajita blanca
y le tengo arcoíris multicolor para cuando despierte...

Enamorado,
yo escribo poemitas y se los susurro al oído
con la esperanza de que alguno rompa el encantamiento...

Amoroso,
siempre le froto primaveras en sus mejillas
y le prendo amaneceres en los labios:
siempre le tengo varitas de nardo para regalar...

Paciente,
siempre llevo en mi bolsillo
esa cajita de música y ese par de nubecitas blancas
que siempre quise regalarle...

Amor,
tal vez nunca te enteres de mi presencia,
pero siempre me hallarás
velando tu sueño de mil años,
siempre me verás esperando por ti...

X. HOY TE PUEDO AMAR

Hoy te puedo amar,
tan libre,
así,
tan abierto,

hoy me descubro a través de mi herida
y me puedes sentir
cual sangriento surtidor
que ama tus manos,

cual dolor enamorado
que acaricia tus labios,

porque hoy,
en el día de la destrucción de los justos,
yo estoy llorando
y me siento tan agónico,
tan solo,

que por eso,

hoy te puedo amar,
tan libre,
así,
tan abierto...

Amor,
mira como mi corazón
se convierte en una nube de mariposas
que vuela luminosa
hacia
el amanecer...

ADENTRO

XI. TREGUA

Amor,
en este mar de confusiones,
cual náufrago extraviado en su mar y su enamorado oleaje,
pienso en ti...

cual pajarillo que busca refugio
mientras las alas rotas
me roban un cielo que siempre quise volar,
pienso en ti...

cuando la madrugada es larga
y me encuentro tan solo
que ni siquiera mi rostro hallo en el espejo,
mucho más pienso en ti...

cómo decirte
que mi espíritu es un gato vagabundo
y que no hallo descanso en ningún alero,
en ninguna luna...

cómo decirte
que me convierto en equilibrista
que me paseo por la cuerda del bien y del mal
mientras cierro los ojos y pienso en ti...

cómo decirte
que extraviado en este mar de confusiones
necesito presentir tu luz
y que necesito amarte un poco más,
cada vez un poquito más,
mientras pienso en ti...

Amor,
aunque estemos tan distantes,
tan solo baja la guardia
y déjate amar mientras pienso en ti...

Amor,
tan solo déjate amar...

3

CANCIONES DE LA HABANA LUNA

"Alondra de mi casa,
ríete mucho.
Es tu risa en los ojos
la luz del mundo."
M. HERNANDEZ

Para Danita...

ADENTRO

I. MADRE LUNA

I

La Luna
canta canciones de cuna
que toda La Habana escucha,

canta
mientras desteje el hilillo breve del alba
recorriendo el Malecón,

aprende a ser madre
susurrando al oído de La Habana Vieja
las canciones tiernas
que han de arrullar a su pequeño amor...

Por calles húmedas
y por balcones antiguos
pasea sus pasos,
se regocija,
murmura,

da vueltas y giros de felicidad
por la existencia de su lindo amor,

agita sus manillas
y sus brazaletes de luz,
agita sus aretes plateados
y sus collares multicolor,
agita su risa de cascabel enamorado,
extiende sus brazos maternales
y acuna suavemente a su bebé,
arrullándolo tan amorosa,
tan feliz...

Y mientras escuchamos
esas tiernas canciones de cuna
que nos iluminan el corazón,
la madrugada
nos va envolviendo
en la tibieza de su luz
y el alba termina de despuntar
entre arcoíris de amor
y figuritas de luz
que dulcemente
se prenden en la tierna sonrisa
de quien aprende a ser madre...

Luna al fin es madre...

Bendita seas, Luna....

II

Los pececillos del mar
escuchan atentos,
a la vocecita infantil
que se escapa de la cuna,
llanto suavecito,
ternura que las caracolas imaginan
en sus amaneceres claros...

Y mientras los barcos
liberan fumarolas de amor,
los cangrejos dibujan poemas en la arena
mientras se imaginan
el acompasado movimiento de los deditos
que juguetean
con la luminosa sonajita que es el Sol...

ADENTRO

III

En el remanso claro del malecón,
Luna se lava las manos suavemente,
dibuja pequeños círculos
que en ondas breves
trazan corazones inmensos y múltiples,
sonríe y se mira en el agua,
tiernamente se alisa el pelo
y sus ojos se alegran..

Tras una breve pausa,
con dedos ligeros,
nuevamente vuelve a juguetear con el agua
y esta se rompe
en un cristalino rocío que,
como cometas,
humedece su pecho
mientras deja escapar un furtivo suspiro,
feliz…

Vuelve a sonreír…

Es entonces que,
en su etéreo jugueteo ,
queda absorta mirando
el movimiento fluido del agua,
tan libre,
tan claro,
tan amoroso…

De repente,
el llanto infantil
que a sus espaldas escucha
la saca de su encantadora abstracción:

Luna es madre y su pequeña reclama atención…

Cuidadosa
se vuelve hacia a su bebe
- y porque Luna es tan amorosa, tan protectora -
la abraza,

y le sonríe con ternura
- y porque Luna es tan libre, tan fuerte -
la acuna en sus brazos
y le arrulla…

Y es que es verdad
que Luna ama tanto a su pequeña...

La maternidad
es una cosa tan maravillosa…

IV

Muñequita de luz
que reposas en mi pecho,
muñequita amorosa
que duermes en tu lecho

duérmete linda,
duérmete ya
duerme mi amor,
que ya lo hace el sol

alegres cancioncitas de cuna
que arrullan al anochecer
mientras la luna furtiva
dibuja corazones en la pared

ADENTRO

figuritas de sombra para mi amor,
figuritas de luna,
figuritas que alegre
yo dibujo en su cuna

muñequita tierna
que duermes tu sueño
de sirenitas y de mar ,

muñequita enamorada
que sueñas barcos sin lugar

cascabeles alegres
tengo para mi querer,
los mismos cascabeles
que la luna quisiera tener

Muñequita de luz
que reposas en tu lecho,
muñequita amorosa
que duermes en mi pecho

duérmete linda,
duérmete ya
duerme mi amor,
que amoroso
te canto esta canción…

II. DANITA

I

Mi princesita
tiene un cubito lleno de arcoíris…

Y mi princesita lo suele agitar
cuando ve que mamá esta triste
o cuando ve que papá está sombrío…

Alegre lo agita,
y al agitarlo,
los arcoíris se desbordan
y el día se ilumina irremediablemente,

Y a mamá y a papá
se les llena el pelo de arcoíris,
se le prenden en la ropa,
se le prenden en los ojos,
y cuando sonríen,
se les puede ver
un arcoíris
en cada diente…

Y mi princesita
se siente feliz
de ver tanto color y tanta luz
en la sonrisa
de mamá y papá…

Mi princesita
tiene un cubito
que le alegra la vida
a mamá y a papá…

ADENTRO

Mi princesita
tiene un cubito lleno de arcoíris,
gracias a Dios…

II

Un caimán dormitando en el Caribe,
Danita,
mamá es de allá,
siente su sangre caliente,
siente su alegría
llena de ciclones y de caracolas,
siente su mar y su sol,
siente su sonrisa iluminándonos…

III

Y en medio de un valle
con un lago que ya no es lago,
siente a papá arrullándote
con cancioncitas de cuna que enamoran,
que toma prestadas de la madrugada
y que amoroso te susurra
con ese acento
cantadito y luminoso,
mientras suavemente
pulsa su guitarra
persiguiendo tus sueños
de niña feliz…

III. MATINAL

I

Cada mañana que Mayi despierta,
descubre que tiene un arcoíris
prendido en el rostro,

es entonces que divertida se sonríe
y juguetona se mira en el espejo medio roto,
saca la lengua,
hace muecas y gestos,
hace señales que divierten
al sol amodorrado
que, tibio, se asoma por la ventana,

distraída toma el peine y
empieza a juguetear con su pelo rubio
mientras sigue soñando despierta,

y el peine dibuja caminos de miel,
manantiales dorados
que se le escurren por la frente y las orejas,
caminitos de luz que siempre llevan a su cuello
en ese interminable ir y venir
de sueños y suspiros…

Y generalmente
su ritual alegre y multicolor suele terminar
cuando descubre ese reloj furtivo
que le parpadea la hora
y le provoca la sorpresa
de descubrir lo tarde que es…

Es entonces que se hace un moñito apresurado
que le recoge el pelo hacia arriba,

ADENTRO

- y mientras la miro divertido -,
sale del pequeño cuarto
mientras el pelo
se le desborda en un surtidor dorado
y torrencial:
el moño se le ha deshecho
en su intempestiva salida...

II

Mayi tiene una perrita llamada Yupi
y es tan escandalosa como Mayi...

A Yupi le gusta
llenarse el hocico de tierra,
le gusta comerse las flores de la abuela
y pararse en dos paticas intentando
descubrir las maravillas del patio vecino,

A Yupi le gusta
asomarse por la reja curiosa,
sacude su cuerpo de estropajo,

en ladridos estridentes,
ladra malcriada y ruidosa:
será que defiende su territorio o
simplemente será que odia esos momentos
en que el silencio nos llena de mudez
y de un sueño pesado...

Yupi es trapecista
y más de una vez
se ha paseado temeraria
por la alta cornisa de la casa,

perrita diminuta y despreocupada
que al filo de la cornisa
descubre un mundo novedoso,
- a veces estridente, a veces solo observadora furtiva -
pero Yupi aprende
a su modo de lo que le rodea
y a veces en exceso:

en cierta ocasión
le dio por explorar los aires,
- o será que simplemente la cornisa se le movió -,
pero esa ocasión
cayó estrepitosamente
encima del abuelo,
que, mientras se mecía y fumaba tabaco,
vio a su sombrero y a la perrita
rodando por los suelos
dejándole una estela
de azoro y de sorpresa larga...

La perrita
acabo adolorida y maltrecha de una patica,
mientras que el sombrero
fue declarado inútil para su uso
y posteriormente relegado al desván
por parte del abuelo...

Esa ocasión
Mayi lloró de preocupación,
y hasta le dio
hospitalario alojamiento a la perrita
en la sala de la pequeña casa
por una semana,
le vendó la patica izquierda
y hasta le dio de beber leche
junto con una pastilla para el dolor
que se la partió en cuatro

ADENTRO

mientras le recriminaba
sus dotes de acróbata canina,
limpiándose los ojos aguados
de preocupación...

III

Al cotorro de Mayi, Pánfilo,
le gusta tomar la semilla
con la pata derecha
y terminar de abrirla con el pico...

Le gusta caminar lentamente por el piso,
penduléandose,
mientras disfruta del cálido sol...

Sin embargo es huraño
y no le gusta hacer amigos:
al primero que se le acerca de más
le suelta tremendo picotazo
mientras escandaloso
busca el rincón más propicio
para ocultarse...

Mayi le pone sus semillas cada mañana,
le silba suavecito y
le pone su fruta picada,

Le recita "Robert, Robert"
una y otra vez
hasta que se cansa
de no tener respuesta
y termina diciendo
que Pánfilo es un tonto...

Pero será que Pánfilo
no tiene aptitudes
para hablar palabritas de niño
o será que no es muy sociable,
pero un día Mayi,
con la firme intención de hacerlo hablar,
le rocío ron en cada una de sus plumas,
cubrió su jaula dejándolo en penumbra
y le dio vueltas infinitamente
mientras platicaba y hablaba con la abuela
con el fin de que alguna palabrita
se le pegara de accidente al pobre Pánfilo…

Mayi lo mareó tanto
hasta que el pobre no se pudo levantar
ni siquiera para repetir un "Robert, Robert"
como el burro que sopla la flauta…

'Pánfilo es irremediable',
terminó diciendo la abuela
tras varias,
infructuosas e inútiles,
sesiones de Ron,
sin embargo,
y pese a ello,
Mayi no pierde la costumbre de silbarle
y recitarle "Robert, Robert"
una y otra vez, cariñosa,
mientras espera incansable
una posible respuesta…

IV. PONNY

Amorosamente
la llamaban Ponny...

Era linda
y llevaba multitud de arcoíris bordados en su falda...

Tenía el pelo largo,
luminoso...

Dicen que tenía ríos cristalinos
y mariposas furtivas en su pelo,

Dicen que en sus cabellos había caminos
mucho más largos
que los que hay en el pueblo,

y dicen también que,
en ocasiones,
nubes de mariposas multicolor
aparecían extraviadas de su pelo largo,
bonito...

Sí, Ponny tenía caminos de miel
en su pelo largo,
luminoso...

Dicen que, cuando se cepillaba el pelo,
le brotaban jardines multicolor,
soles claros y nubes viajeras,

Dicen que encontraban espejos antiguos
donde se reconocían
las miradas de los enamorados,

FABIÁN CORTÉS

Que encontraban
cajitas de música mágicas
que enamoraban de solo escucharlas,

y dicen también,
que tenía siempre prendidas en su pelo
flores coloridas
que se llegaban a confundir
con los arcoíris
que llevaba bordados en su falda….

Sí, era linda
y siempre tenía flores coloridas a su alrededor…

Ponny era malcriada,
y le gustaba ir al río
a refrescarse pese al enojo de la mama,

Le gustaba mojarse los tobillos
y chapotear entre pececitos asustados,

Le gustaba manotear
entre mangos maduros a la deriva
y salpicar al sol y al calor
cuando se sacudía el pelo
lleno de pececillos tímidos...

dicen que más de una vez
se extraviaron
cocodrilos enamorados entre sus cabellos,
que somnolientos,
reposaban inmóviles en su cuello y en su frente,
mientras los pajarillos
les hurgaban los dientes…

Sí, era malcriada y llena de luz…

ADENTRO

Y siempre me gustaba verla pasar
frente a la casa,

Apuraba el paso para ver
ese río florido que dejaba en el aire al pasar,
ver su silueta alegrando la mañana,
ver los girasoles girando a su paso
mientras los canarios
se deshilaban de felicidad
y los gatos se desperezaban lentamente...

Sí, era linda
y hacia desperezar a los gatos...

Sí,
Ponny era como la primavera...

Ponny,
mi linda Ponny...

V. OCHÚN

Cuéntame,
háblame sobre esos días soleados,
descúbreme el ámbar del sol...

Téjeme ese collar de sonrisas y amor
que me prendes en el cuello
mientras recitas mi porvenir...

Déjame jugar con tus dedos,
déjame asirme
a cada sueño y a cada amanecer...

Tengo
miel y frutas para ti,
cinticas blancas y amarillas
para prender en tu cintura...

Tengo un par de canciones
y un girasol de luz para tus caderas,
tengo un ramillete de flores blancas para ti,

Anda,
mientras acaricias mis mejillas,
cuéntame,
y descúbreme el ámbar del sol...

SOBRE EL AUTOR

FABIÁN CORTÉS
Ciudad de México, México (1970)

Ingeniero en Electrónica por la Universidad Autónoma Metropolitana. Consultor en tecnologías, poeta y artista plástico. Su estilo estético es principalmente figurativo, muy cercano al simbolismo, la espiritualidad, la imaginación y los sueños. Su trabajo creativo refleja la búsqueda de una expresión que se vuelve intensamente personal y privada.

"Es abrir la puerta
y esperar que alguien entre.
Tal vez reconozca este lugar,
tal vez reconozca este jardín,
este lecho y este espejo.
Y tal vez,
en un luminoso parpadeo,
también reconozca
estas amorosas palabras."

ÍNDICE

I	**El provocador de tormentas**	**1**
	i. El provocador de tormentas	3
	ii. Visiones de Fin de Siglo	5
	iii. Mar	7
	iv. Naturaleza muerta	9
	v. Guerrero	11
	vi. Epitafio	13
	vii. Llanto de la incredulidad	15
	viii. Nuestros Muertos	18
	ix. Canto triste	22
	x. Lo mismo	24
	xi. La flor	26
	xii. Plegaria	27
II	**Te amé, pero te amo más**	**29**
	i. Contra voluntad	31
	ii. Crepúsculo deshecho	32
	iii. Tengo	34
	iv. Oirte	36

	v. Luz	38
	vi. Tan fácil	39
	vii. Artesano	40
	viii. Palabrita	41
	ix. Leyenda	43
	x. Hoy te puedo amar	44
	xi. Tregua	45
III	**Canciones de la Habana Luna**	**47**
	i. Madre Luna	49
	ii. Danita	54
	iii. Matinal	56
	iv. Pony	61
	v. Ochún	64
IV	**Sobre el Autor**	65

COLECCIÓN

NÁUFRAGOS

letramía

Editorial

Made in the USA
Columbia, SC
01 October 2023